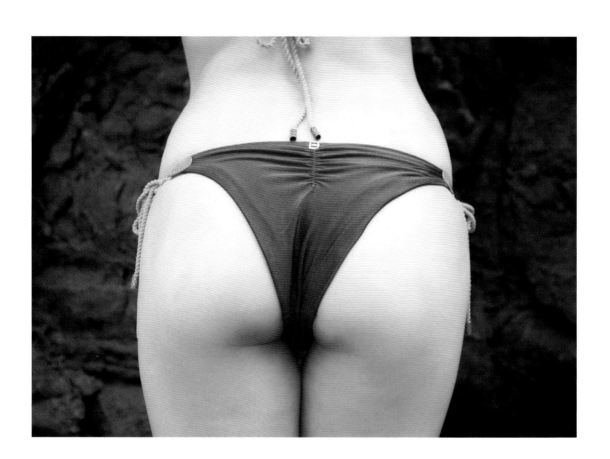

「さきいか」いかがでしたか??
今回はゆるく楽しげで見ている方も
旅行に行った気分になる一冊!!
をコンセプトにとってきました ☺
ちょっと疲れている時などに見返して.
少しでも楽しい気分になってもらえたら
ウレシイです↑

鈴木 咲

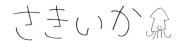

2020 年 12 月 15 日　初版第一刷発行

フォトグラファー	小野寺廣信 (Boulego)
ヘア＆メイク	氏川千尋
スタイリスト	高橋結
ネイリスト	AYUMI
プロデュース	斉藤 弘光 (トランスワールドジャパン株式会社)
デザイン	山根 悠介 (トランスワールドジャパン株式会社)
営業	原田 聖也 (トランスワールドジャパン株式会社)

衣装協力	Defilious
	fruits de mer
	San-ai Resort
	CHICAGO 原宿店
	PEAK&PINE
	Reir

発行者	佐野 裕
発行所	発行所／トランスワールドジャパン株式会社
	〒 150-0001 東京都渋谷区神宮前 6-25-8 神宮前コーポラス
	Tel：03-5778-8599 Fax：03-5778-8743
印刷所	株式会社グラフィック

ISBN 978-4-86256-302-6
2020 Printed in Japan
©Transworld Japan Inc.

○定価はカバーに表示されています。
○本書の全部または一部を、著作権法で認められた範囲を超えて無断で複写、複製、転載、あるいはデジタル化を禁じます。
○乱丁・落下本は小社送料負担にてお取り替えいたします。